Socrate, mon frère, mon ennemi

Olivier et Raphaël
Saint-Vincent

Olivier et Raphaël Saint-Vincent

Copyright © 2016 Kinoscript Edition

All rights reserved.

ISBN: 978-2367530611
ISBN-13: 978-2367530611

DEDICACE

A ma femme, ma voix intérieure.
A ma fille, mon unique clarté.
A mon fils, ma vraie force.
A mon frère, mon éternel ami.
A mon père, le seul Socrate que je connaisse.

Olivier et Raphaël Saint-Vincent

Alors que la fin annoncée et orchestrée des Langues anciennes remue ce que la France a encore de bonne conscience, ce petit livre plaide - à travers la résurrection d'un Socrate réel - pour la survivance des Humanités. Non pas celles que l'on enseignait à nos aïeux; ces temps-là sont bien révolus. Heureusement ou non, nous sommes en train de changer de civilisation : les versions grecques et les thèmes latins appartiennent à un autre âge. Le Gaffiot et le Bailly ne servent plus à grand chose, excepté à certains exercices physiques de *weightlifting*. L'anglais impose partout ses lois, surtout à ceux qui tentent de s'y soustraire. Cicéron n'est plus qu'un mauvais souvenir. Et Jules César, un personnage de bande-dessinée.

Il ne s'agit pas non plus de faire de la culture classique (elle qui en fut le fer-de-lance) un rempart contre la mondialisation. Le Socrate des huit petits tableaux qui composent cet ouvrage n'est pas un donneur de leçons ou un objecteur de conscience. Il est grec, mais aurait pu être amérindien, germain ou africain… C'est tantôt un guerrier, un amant, un époux, un beau-parleur, un plaisantin, un résistant, pas de nationalité attitrée pour ce genre de qualités. Cependant, ces réalités parfois très précises qui font de lui notre frère, nous en éloignent dans le même temps. Car, le Socrate que nous décrivons - et imaginons aussi - n'est pas absolument *sympathique* au sens étymologique. La tradition nous laissait entrevoir un philosophe inhumain de perfection. Le voici redescendu de son nuage, les deux pieds campés sur la terre.

On découvre alors, en place et lieu de la carte postale de l'hétérosexuel sage et invétéré, un amoureux endiablé des hommes grecs. Un combattant violent, sanguinaire au besoin. Un sophiste avoué. Un lutteur hors pair. Un macho du dimanche. Un collabo pas bien joli à regarder. Un détracteur de la démocratie. Autant de vices que la culture populaire, s'appuyant sur les textes de Platon, avait participé à effacer. Le Socrate qui meurt en 399 avant J.C. fut longtemps mon héros. Enfin, un philosophe qui était prêt à mourir pour ses idées. Oui, mais pas les bonnes.

Contrairement à ce que mes élèves me diraient (Monsieur, qui s'intéresse à Socrate?), je crois que ce changement de perspective a de lourdes conséquences. En effet, Socrate fut le point de départ conceptuel de la construction de notre Occident. Et ce n'est pas un hasard si la réalité éclate maintenant, alors qu'il est chancelant. Il est temps de "surmonter" Socrate pour reprendre le mot de Nietzsche. Et nous le surmonterons seulement en acceptant en bloc son héritage. La pensée comme provocation, non comme affirmation. Un homme qui n'en vaut aucun, mais que aucun ne vaut. Un résistant-collabo. Un pacifiste-sanguinaire. Un républicain-oligarque. Un misogyne attendri. Un philosophe-voyou.

Mon héros, encore et toujours.

Enfin, au-delà du personnage historique réel ou fantasmé, Socrate est donc l'ultime *métaphore*. Celle du vaccin de prévention... A quoi bon inviter le mal dans ma vie, puisque j'en suis l'hôte?

CHAPITRE I

SOCRATE, L'AMANT DE LACHÈS

Il est des corps qui naissent pour que surgisse une vérité qui est leur négation même. Celui de Socrate appartient à cette lignée de peau et d'os frappée du coin de l'oxymore : la grande laideur fait front avec bravoure au sublime de la pensée. Dans le matérialisme le plus sauvage, où l'âme se livre tout entière par sa puissance atomique. Une sorte d'outrage à la raison des rationalistes. Car une cause ne produit rien d'autre que son propre fantôme, fiction si chère aux idéalistes! la conséquence. La beauté, donc, surgeon de la difformité.

Il faut se représenter une nuit d'été à Athènes. Nous sommes en 425 avant J.C. La chaleur salée de la méditerranée laisse une odeur suave dans les rues désertes de la citée la plus redoutée de l'univers habité. Rien ne semble pouvoir troubler le silence des temples. A l'exception peut-être du soupir des dieux, qui ont bien du mal à trouver le repos. Leurs yeux souverains sont fichés dans la terre. Rivés sur la lucarne d'un palais. Ils regardent ce que leurs corps ne sauraient faire. A la lueur de Séléné, la déesse de la pleine lune. Ils s'abreuvent d'images qu'ils voudraient voir sculptées au fronton de leurs sanctuaires. Que l'humanité pourrait contempler avec piété, et non raconter sous la forme de mythes et de froides légendes. Ce qu'ils scrutent avec l'angoisse de l'artiste, c'est l'amour de deux hommes. Ce qu'ils épient avec envie, ce sont les corps de Socrate et de Lachès.

On a longtemps prétendu, grâce à Platon, que Socrate était le philosophe qui faisait la guerre au désir. Dans *Le Banquet*, il semble insensible aux charmes d'Alcibiade qui brûle sous les feux d'Eros à la vue de son corps. Par la même occasion, tout est fait pour nous présenter une chair socratique, austère et ascétique, chaste et cérébrale, froide et spirituelle. Frigide presque. Rien n'est plus faux. En cette nuit chaude de mai 425, lorsque les corps de Socrate et de son compagnon s'enchevêtrent à perdre haleine, Platon fait ses premiers pas d'enfant. Comment pourrait-il avoir été le témoin de cette nuit d'amour? Ce sont les dieux qui en firent le récit.

Quelques mois auparavant, les Athéniens ont fait la guerre aux Thébains, les soldats du bataillon sacré, eux qui avaient compris que la force est une histoire d'amour et de sexe, eux qui emportèrent la bataille pour une ville, comme on conquiert un homme : Délion. Durant cette campagne, la rigueur de l'hiver a frappé. Plus que les glaives. Les amphores de vin résiné n'ont même pas réussi à éviter le désir du repli. Peut-être ont-elle permis de ne pas se rendre à ces ennemis qui respiraient la force et la puissance. Pendant la retraite de l'armée, Socrate, hoplite, fantassin de son état, a sauvé la vie de son général, le sanguin Lachès. La jambe coincée sous son destrier, le commandant de cavalerie voit alors apparaître Socrate, le glaive à la main, les yeux injectés de feu et de fureur, et mettre en fuite ses ennemis, apeurés d'un assaut si soudain. Le genre d'attaque qui atteint le système neuro-végétatif, qui ne laisse peser ni le pour, ni le contre, qui met en déroute le plus déterminé de tous les soldats. Sous le bouclier du professeur de sagesse, l'aristocrate se replie. Sa reconnaissance n'aura guère de limite dans la générosité. La nuit d'amour qui suivra le dira dans son expression la plus matérialiste.

Il faut se figurer les corps nus - donc, dans le palais de Lachès. Celui de Socrate, dodu et charnu. La peau laiteuse et flasque. Le muscle sec, mais replet sous une graisse atavique. De petites mains agiles mais disproportionnées. Des épaules trapues, presque vulgaires. Une bedaine légendaire. A ses côtés, le corps divin du chevalier. Digne des *kouroi* de Praxitèle. Le thorax torsadé de muscles. Balafré de plaies, érotisées par le temps. Les membres puissants et fermes. Une harmonie parfaite pour l'œil. Une sorte d'arithmétique balancée avec élégance. Un visage viril et vertueux. Une bouche qui appelait le baiser.

Le voilà le philosophe dont la tradition philosophique fera un ascète du dimanche. En train de se livrer aux plaisirs de l'amour avec un homme, qui plus est, officier de l'une des armées les plus cruelles du Ve siècle. Cette anecdote n'apparaît dans aucun livre d'histoire. Et pour cause : la philosophie européenne repose tout entière sur ces fondations *vertueuses*. Où la vertu s'identifie nécessairement au Bien idéal et idéel. Où l'on préfère au réel le théorique, tellement plus facile à vivre. La chimère au positif. L'abstraction à l'actuel. Le fantastique à la matière. Socrate n'est pas ce philosophe gentil et bien rangé. Sa langue tourne autour de celle de Lachès. Ses mots se mélangent aux siens. Dans le pur plaisir des sens. Car chez lui, il y a la volonté de vivre une vie heureuse malgré une nature malheureuse : son regard torve qui plaira tant à Rabelais n'était guère un avantage de départ dans l'existence. Le talent de Socrate sera d'en tirer le parti le plus noble qui fût. D'en faire une philosophie à part entière. Extorquée et transmuée par Platon *post mortem*. Ce dernier fera tout pour maquiller l'œuvre du maître : le passionné de baisers sera converti en contempteur de la passion amoureuse. Le sophiste éminent, en destructeur de rhéteurs. L'hédoniste viscéral en boucher ascétique. Le sceptique aux pieds nus en rationaliste de toutes les guerres.

Et pourtant, toutes les preuves sont là.

Comme dans les plaines de Béotie, Socrate a le verbe acéré et la brutalité de l'orateur aguerri. Rien ne résiste à ses bottes. Ses adversaires ne cesseront de déguerpir devant lui, transis de peur. Celle de la mort sociale qui est la première étape en ces temps vers l'ostracisme. Protagoras, Gorgias, Calliclès, Hippias, ses amis, feront les frais de sa vaillance et devront lui faire allégeance. Socrate ne souscrit pas à l'angélisme idéaliste qui conduit à séparer la matière et l'esprit. Le corps de Socrate ne connaît pas encore la scission platonicienne : pour lui, l'âme est une invention, le corps, la seule vérité.

En temps de paix, l'agora devient donc son champ de bataille ou de drague, c'est selon.

Ses détracteurs s'en souviendront. Corrupteur de la jeunesse. On ne s'est jamais vraiment questionné sur la signification concrète de cette expression. On se contente généralement de lire *L'Apologie*, et de croire à la dramaturgie aristocratique de l'éminent disciple. La réalité tombe comme un couperet pour notre modernité : Socrate sort avec ses élèves. Et il l'affiche. Sartre et Simone en feront de même, dans le silence de la biographie.

Ainsi, cette nuit-là, le divin Socrate, tout en livrant son corps à la sueur de l'amour et aux orgasmes partagés, nous donne-t-il son ultime leçon d'hédonisme. Certes les dieux n'ont guère de poids dans nos existences. Certes l'humanité ne cesse de chercher sa propre fin. Par son infatigable soif de violence. Et l'ensemble ne semble pas avoir de sens. Mais la beauté de la vie tient justement de ces instants volés au drame, où le désespoir de ne plus jamais jouir du même prépare à des plaisirs supérieurs.

CHAPITRE II

SOCRATE, LE SOPHISTE

Protagoras s'adressa de cette manière au jeune Socrate. Un jour de l'année - 440

Protagoras - Ô toi fils de Sophronicus, que dirais-tu si, un jour, au lieu de te prendre pour ce que tu es, on faisait de toi mon ennemi? Si on transformait ton incroyable adresse rhétorique en un don divin? Si ton savoir, fruit d'un labeur attentif et acharné, évanoui dans les nuées du temps, devenait métaphorique? Si, tes nombreuses œuvres ayant été brulées, la musique de ta parole fût le signe d'une insondable profondeur? Si le fait que tu donnasses des cours pour une bouchée de pain, fisse de toi le contraire arithmétique d'un sophiste? Dis-moi, Socrate, mon cher disciple, que tu me seras toujours fidèle malgré ton indéniable et inévitable succès auprès des Athéniens?

Socrate - Mon cher maître et ami, d'où te viennent ces affreux doutes et comment tes paroles, d'ordinaire si légères et tendres à mon égard, soient devenues suspicieuses et ombrageuses? T'ai-je donc laissé présager par mes actes et paroles un revers du sort inattendu?

Protagoras - Ô mon excellent ami, tu me connais bien maintenant et sais que nous sommes tous à la merci de l'agora : la foule décide, le philosophe obéit. Que puis-je donc à ma célébrité soudaine? moi le métèque d'Abdère, qui ne sera jamais citoyen. J'offre au peuple ce qu'il attend de moi : de la force. Les Grecs désirent devenir le plus puissant de tous les peuples. Ils ont bien compris que la parole est une arme fort dangereuse à côté de laquelle les épées et les flèches paraissent des jouets enfantins.

Socrate - Oui, mais alors, pourquoi, si cette inquiétude est d'ordre générale, ton souci porte-t-il sur ce point particulier? Y a-t-il une rumeur qui te fasse remuer de la sorte mille idées en ta tête si parfaite, ô Protagoras? Quelqu'un t'a-t-il fait part d'une conversation, d'un mot, d'un bruit de mauvais augure? Car, sache que la loyauté est pour moi le fondement de toutes les vertus.

Protagoras - Te souviens-tu de Criton?

Socrate - Certes, bien-sûr.

Protagoras - Et bien, l'autre jour, je surpris par hasard une conversation qu'il tenait avec l'un de mes disciples. La discussion s'animait et les deux hommes étaient prêts à en venir aux mains…

Socrate - Mais de quoi s'agissait-il donc?

Protagoras - Criton soutenait que tu étais semblable à un immortel parce que tu refusais de faire payer tes leçons; que ton détachement des choses matérielles faisait de toi un être supérieur aux sophistes. Il ajouta que notre art (celui que nous pratiquons, toi et moi) n'était guère différent de celui des courtisanes qui vendent leur amour au plus offrant. L'autre vitupérait en répliquant que tu étais mon disciple et que, par modestie, tu te refusais de prendre la moindre obole à qui que ce soit.

Socrate - Protagoras, cela est vrai, je ne suis pas un voleur. Mon enseignement ne t'arrive pas à la cheville! Et visiblement, certains ne goûtent pas mon ironie. Quand je dis : "Mon enseignement ne vaut pas une obole", ils comprennent : "Mon enseignement n'a pas de prix"!

Protagoras - Oui, mon cher Socrate, ainsi sommes nous condamnés : nos paroles s'envolent, s'élèvent dans le ciel bleu cuirassé d'azur pour retomber dans la bouche béante et sombre des philosophes, mal mâchées et à peine avalées. Le sens y disparaît pour toujours. Les propos d'un homme n'ont de signification véritable que pour lui. Il décide de la beauté de sa langue. On tranchera pour lui la signification.

Socrate - Maître, je sens poindre l'aiguillon de l'amertume dans ta voix. Mais je ne puis qu'acquiescer au paradoxe que tu dénonces : le sens du discours est une illusion pour celui qui parle, et d'ailleurs, souvent aussi pour celui qui écoute. J'irai même plus loin. Toute parole est vaine. L'art de convaincre que nous enseignons avec tant de passion et d'espoir n'est qu'une manière aux multiples facettes de persuader, de s'emparer de l'âme de son interlocuteur. Jamais on ne peut rendre autre un adversaire par la raison. Protagoras, nous sommes des voyous, nous apprenons à voler les âmes, à les dépouiller de toute défense et à les piller. Et cette lourde vérité, peu d'hommes sont à même de la porter. Bon nombre s'affalent sous son poids et préfèrent voyager légers, l'esprit plein d'illusions mensongères. Il est en effet bien agréable de croire que l'homme peut quelque chose avec sa raison, quand son corps a raison de cette dernière. Pour reprendre les mots du divin Critias dans sa tragédie *Sisyphe* : la sophistique a pour objet d'apprendre à susciter la peur; les dieux sont le moyen le plus probant.

Protagoras - Socrate, veux-tu que je te dise le fond de ma pensée : les Athéniens me dégoûtent. Il y a une aristocratie qui se donne des airs de tragédiens, qui prend la pose des contempteurs du corps, qui méprise ceux qui œuvrent de leurs mains, qui voit d'un œil suspicieux notre art et permet à celui qui n'a pas de nom de s'en faire un. Cette élite qui mange, le soir, les mets les plus raffinés dans des symposiums, vomis, le jour, à l'idée que nous puissions gagner de l'argent en vendant notre savoir. Nous qui n'avons rien, il faut bien que nous tirions notre richesse de quelque part?

Socrate - C'est justement parce qu'ils ont, qu'ils peuvent consacrer leur existence à être. Parce qu'ils n'ont plus les tripes broyées par la faim, qu'ils ne parlent plus que de nourritures spirituelles. Parce que leurs ancêtres ont conquis des terres, les ont fait fructifier et prospérer, qu'ils se détournent de la culture de la terre pour se tourner vers celle de l'esprit. Ces Athéniens ne sont que des étourdis, comme des enfants à qui l'on eût donné beaucoup de drachmes et qui penseraient leur vie assurée pour l'éternité. Et quand ils se pavanent en prétendant que la vertu ne peut s'enseigner, c'est là le chant de leur propre décadence : ils privent le peuple de forces nouvelles, d'énergies sauvages, de puissances inédites, seules à même de renouveler le vieux sang d'une cité déjà parvenue au faîte de sa puissance.

Protagoras - Un jour pas si lointain viendra où un conquérant venu de par-delà les frontières de l'Hellas emportera avec lui dans son épopée les vestiges d'un empire qui aimait trop les livres, qui chérissait le Bien et le Bon avec démesure. Ce jour-là, nos philosophes ne prendront pas les armes comme ils le font si bravement contre nous, ennemis bien innocents et inoffensifs. Ils chercheront en vain dans leur arsenal de mots et d'idées une manière de donner raison à leur faiblesse et tort à leur crainte. Ces philosophes méprisent les Spartiates qu'ils considèrent comme des bêtes de somme, mais ils devraient bien plutôt écouter leur leçon : le combat est père de toute chose. Socrate, mon fils, souviens-toi de toujours lutter.

Socrate - Tu as ma parole, Ô Protagoras, je ne mourrai pas dans mon lit, comme un vieillard!

CHAPITRE III

SOCRATE, LE GUERRIER

433 av. JC. Il faut s'imaginer un campement militaire. Des tentes, des chevaux, des soldats. Circulant çà et là, des hoplites athéniens, des guerriers grecs. Nous sommes au siège de Potidée. Au milieu de ces hommes, sales, mal rasés, à la mine fatiguée, aux yeux mystérieux, meurtrissures abondantes, blessures bavantes, un être, celui que la postérité a retenu comme le plus grand de tous les philosophes, celui qui devint par la suite même un genre littéraire, le séducteur le plus envoûtant des mal foutus. Socrate.

Il est là, dans le même lieu que ses frères d'armes, assis sur son bouclier, devant sa tente. A ses pieds, une lance. La sienne. Dans sa main droite, son glaive. Il le tient par la poignée ; et fait tourner l'instrument de combat sur lui-même. Dans le sable. C'est l'été. Il fait chaud. Socrate, suivant son habitude, médite. Retourne en sa tête une idée pour la « démêler », pour la rendre claire. Aujourd'hui, il n'y aura pas de combat, ni d'affrontement. Ce sera pour le jour suivant.

Pénétrer dans Potidée pour la soumettre. Mais le philosophe ne pense pas stratégie, cela il le laisse aux généraux, à son amant, Alcibiade. Son ambition à lui, c'est de penser le passé. Tirer « raison » de l'expérience. Du vécu. Pas de théorie, de doctrine. La vie. Le réel. Donc, ce qu'il agite dans son esprit en tout sens – cherchant direction et signification, c'est la bataille qu'il mena le jour d'avant, aux côtés des siens.

Il repasse inlassablement la scène en son cœur. La chaleur, quelques minutes avant la charge. Rendue insupportable par le casque, étonnamment lourd. La clameur de la phalange ennemie. Les vociférations de ses camarades, de ses disciples. Devant lui, des visages connus. Derrière, un cousin éloigné. Au bras gauche, posé à terre pour le moment, son écu. Dans la main droite, debout, sa lance, encore souillée du sang d'anciens ennemis éventrés, écharpés par le fer effilé. Et puis, tout à coup, devant, à quelques rangées de là, le capitaine donne le signal de la charge. Tous les boucliers montent jusqu'aux pommettes. Les lances s'insinuent à travers les rangées d'hoplites. Les cris se font plus forts. La phalange charge.

Et c'est là que son souvenir se fait plus flou. Comme si une nappe de brouillard se répandait sur ses actions passées. Des instants, séparés les uns des autres. Un visage, un cri, un corps gisant à même le sol. Une temporalité déconstruite. Socrate tente d'abord de refaire la *chronologie*, la logique temporelle. Mais comme à chaque fois, comme à chaque combat, cette même impression de ralenti intense et de forte imprécision. Cette impossibilité de *voir*. Le philosophe tente d'expliquer cet état de fait.

Lui, dont le sang-froid et la tempérance sont légendaires, il a du mal. Il bute sur le réel qui lui résiste.

Dans la bataille, il ne sait pas combien d'hommes il a pu tuer, combien de corps il a pu laisser inanimés sur le sol, la gueule ouverte. Exempts du souffle vital. Mais son petit démon lui laisse dans le crâne la réminiscence d'un ennemi. Un monstre par la taille – du moins par rapport à lui, Socrate. Des bras comme des cuisses. Une efficacité redoutable. Sous ses yeux effarés, à coups de cnémides, il fit voler en charpie le visage de son ami Xénophane. Le nez explosé à la base. Les cartilages déchirés par la protection du casque. Le sang coulant à flots. Les cervicales brisées. Chez l'ennemi, un regard qu'il n'avait jamais vu à quiconque. Vide et par ailleurs trop vivant. Injecté de pourpre. Dans les yeux. Le visage d'un guerrier.

Socrate avec sa petite taille se faufile, disparaît de son champ d'action, et frappe le colosse derrière le genou, au-dessus de la jambière. Les tendons ont lâché, l'homme chavire vers lui, comme un navire qui va couler. Le voilà sur le dos, paralysé. Le philosophe s'approche. D'un pied, il bloque le bouclier du géant et de l'autre frappe la main porteuse d'arme. Il est à sa merci. Pour un instant seulement. Celui qui, peu de temps auparavant, avait envoyé son camarade chez Hadès va mourir maintenant. De la main de Socrate. Le philosophe va le tuer car il sait d'expérience que – sinon – c'est d'autres frères d'armes qui perdront la vie. A cause de lui.

D'un coup sec, rapide, et profond, Socrate enfonce son glaive dans la gorge de l'ennemi. Au-dessus de la fourchette sternale, sous la glotte, c'est toujours là qu'il frappe. C'est toujours là qu'il tue. Le sang jaillit. Les tissus s'écartent pour laisser passer le fer. Le philosophe retire l'arme en calant son pied sur le crâne adverse, change de prise, et frappe du tranchant de la lame à la jointure du casque et de la cuirasse. Un râle d'agonisant. Un bruit sourd. La mort. De celui-là il se souvient très bien – longuement, comme un supplice interminable. Pour une action plus que véloce. Quelques secondes pour ôter la vie. Des heures de méditation. Une certitude : le sentiment du devoir accompli. De l'autre une question : pourquoi tuer est-il une nécessité ? Personne ne le sait, pas même Socrate.

Terrible vérité, le père de la philosophie occidentale, celui qui « faisait trembler et sangloter les pétulants jeunes gens d'Athènes », pour reprendre l'expression de Nietzsche, fut non seulement un soldat, mais le plus grand de tous, le plus brave, le plus respecté.

Terrible vérité : Socrate tranchait des gorges. Il faudra bien se résoudre à accepter cette réalité, gênante pour certains, pleine de significations pourtant.

Pour preuve un passage rarement cité dans les universités. Un extrait du *Banquet* de Platon. Où Alcibiade, le futur général, fait l'éloge de Socrate. Contentons-nous de l'écouter.

Avouer l'extraordinaire « férocité » du philosophe:

« Je remarquai d'abord combien il était supérieur à Lachès pour le sang-froid ; je le vis ensuite qui là, comme dans les rues d'Athènes, s'avançait suivant ton expression, Aristophane, en plastronnant et jetant les yeux de côté et qui observait froidement amis et ennemis, et il sautait aux yeux même de loin, qui si l'on s'attaquait à un tel homme il se défendrait vaillamment. Aussi s'éloignait-il sans être inquiété, avec son compagnon. Généralement, à la guerre, on n'attaque même pas les hommes qui montrent de telles dispositions ; on poursuit plutôt ceux qui fuient à la débandade ».

Le message implicite d'Alcibiade est simple : d'accord, Socrate était courageux. Ça on l'a compris, toute la postérité philosophique s'est chargée de le faire savoir. Mais Socrate, plus qu'aucun autre, inspirait à ses adversaires une peur, un affolement, une aversion qui les poussaient à se détourner de lui. Et Alcibiade ne parle pas de « la charge » à proprement parler, mais de l'étape encore plus ardue qui la suivait, moment privilégié du corps à corps, de l'effort intense, du « combat total » où les hoplites étaient là pour prendre la vie à leurs ennemis.

Certes, l'on peut rêver d'un Socrate idéal, utopique, introuvable, un Socrate au grand cœur, qui tout en apeurant ses ennemis par une férocité simulée, eût été plein de miséricorde envers eux. Un Socrate qui n'eût même pas besoin de lever la main pour être craint. Un Christ païen ! Figure ô combien rassurante pour l'élite intelligente. Et pour la masse pensante. Socrate le Saint. Socrate le Dieu.

Or, les choses sont bien différentes. Pour qui a pris la peine de s'intéresser quelque peu au phénomène de la guerre grecque en particulier, et du combat en général.

La première règle, c'est qu'à la guerre, on ne joue pas. On ne peut s'amuser à y tenir un rôle factice. Un rôle duplice. Pas de place pour des personnages fabriqués. Pas de place pour des guerriers de la légitime défense qui ne frapperaient – sans tuer bien évidemment – que lorsque leur vie serait en danger. Rêve moderne et contemporain d'un monde des Droits de l'Homme.

La guerre – encore moins au Ve siècle av. JC – ce n'est pas cela. On est entièrement à ce que l'on fait. On est dans l'action. On ne peut pas mentir. On est ce qu'on paraît. Et on paraît ce qu'on est.

Seconde règle : la guerre vous révèle ; vous dit qui vous êtes. Et c'est exactement ce qu'explique Alcibiade aux autres convives du *Banquet*. Notre maître à tous, au combat, a le regard froid du tueur. Sans pitié et sans remords. Le regard vigilant de tout instant. Le regard du guerrier expérimenté aux mille tours. Il a sa confiance aussi : « il plastronne ». Autrement dit, il provoque et intimide. Car il est prêt à laisser sa vie pour le combat, « comme dans les rues d'Athènes » provoquant et intimidant la jeunesse, disposé à mourir pour une escarmouche. Relire la mort de Socrate à la lueur des extraits du Socrate guerrier.

Socrate féroce, Socrate en fantassin, l'épée à la main. Voilà un tableau que le lecteur moderne ne doit pas se lasser de regarder, de contempler et d'étudier. Le premier philosophe illustre. Et qui fut pendant plusieurs siècles la proie d'une mystification à grande échelle. Socrate le silène. « Méchant » d'apparence, laid, et guerrier. Socrate le penseur, attirant et séducteur de l'intérieur :

l'exemple du sens. L'exemple d'une manière de vivre et d'agir.

Et contrairement à d'autres, stoïciens ou épicuriens, Socrate n'a jamais figé sur le papier de déclarations fracassantes de principes, du type « la mort n'est pas à craindre ». Bien au contraire.

Facile pour un épicurien du fond de son Jardin de pratiquer une philosophie qui apprend à ne pas avoir peur de la fin de la vie. Plus difficile sur un champ de bataille. Le cœur à 160. En première ligne de la phalange, où l'épée, le casque, et le bouclier apparaissent comme des expédients bien légers pour se détourner de la mort.

Facile dans son Jardin de lutter contre la Faim, de pratiquer des « régimes » alimentaires, philosophiques et jubilatoires. Autre chose que d'être privé de vivres sur un front de guerre, ou pendant un siège. Le manque de sommeil octuplant celui de nourriture. La fatigue des combats s'ajoutant à l'épuisement général des corps :

« Par exemple, quand nous étions coupés de nos ravitaillements, comme il arrive à la guerre, et réduits

à jeûner, les autres n'étaient rien auprès de lui pour supporter les privations ». Alcibiade a parlé.

Facile, attablé près de plats opulents, chez un riche compagnon, d'hédoniser, façon Aristippe, version cyrénaïque. De s'en mettre plein la panse. De célébrer les plaisirs du corps, les sensations retrouvées et la jouissance du présent. Plus difficile de passer de la privation à l'abondance après une longue période de jeûne, quand l'estomac s'est rétréci et accoutumé à peu ; que le rythme intestinal a transformé le métabolisme pour permettre de continuer à lutter. A guerroyer :

« En revanche, faisions-nous bombance, il était homme à en jouir mieux que personne, et si on le forçait à boire, quoiqu'il ne boive pas volontiers, il avait raison de tout le monde, et, ce qu'il y a de plus étonnant, c'est que jamais personne ne l'a vu ivre ». Alcibiade a parlé.

Facile à lancer : « Le cri de la chair : ne pas avoir faim ». Plus dur à dire en temps de guerre, de froid et de manque. Quand la main gelée peine à tenir le glaive, que la nuit, amplifiant le froid, a rendu impossible le repos du guerrier, et qu'en face les ennemis sont au chaud, dans leur citadelle :

« Pour endurer le froid — les hivers sont terribles en ce pays-là [Potidée] — il se montrait étonnant ; c'est ainsi qu'un jour, par la gelée la plus forte qui se puisse voir, alors que personne ne mettait le pied dehors ou ne sortait que bien emmitouflé, chaussé, les pieds enveloppés de feutre ou de peau d'agneau, on le vit sortir avec le même manteau qu'il avait l'habitude de porter, et marcher pieds nus sur la glace plus aisément que les autres avec leurs chaussures, et les soldats le regardaient de travers, croyant qu'il les bravait. »
Socrate provocateur. Alcibiade a parlé.

Leçon : la guerre révèle l'homme et montre nu le philosophe. Dans ses mensonges et dans ses affres.

CHAPITRE IV

SOCRATE, LE LUTTEUR

Dans le *Banquet* platonicien, c'est Alcibiade qui nous laisse entrevoir la relation qu'a entretenue Socrate avec le corps. Le corps que l'on exerce, que l'on soumet à la volonté. Le futur Général s'apprête à faire les louanges de Socrate, mais auparavant, il raconte aux autres convives du banquet comment ce dernier a refusé ses avances et éconduit ses propositions indécentes.

Pour le draguer, Alcibiade essaye toutes les stratégies et techniques de séduction.

Tendresse. Douceur. Rudesse.

En public. Puis en solitaire. Parmi l'une d'entre elles, «le seul à seul dans le gymnase» :

« Ensuite, je l'incitai à partager mes exercices de gymnastique, et je m'essayais avec lui, croyant avancer mes affaires ; puis nous nous exerçâmes souvent et luttâmes ensemble sans témoin. »

L'implicite du texte nous dit subtilement que Socrate était un habitué du gymnase, des exercices de musculation, de « l'art et la pratique » de la lutte. Sinon, à quoi bon proposer de telles activités à un pur novice ? Quel intérêt ? Alcibiade n'est pas pédagogue. On le sait, il organise cette rencontre pour dévoiler son corps et celui de son maître de philosophie. Γυμνος (gymnos), en grec, signifie « nu ». On le répète, les Hellènes étaient très fiers de lutter intégralement nus, contrairement aux Perses qui arboraient le pagne. Donc Alcibiade sait qu'avec Socrate, il y aura de la résistance. Que le philosophe ne se laissera pas démonter par la première clé, ni par la première mise au sol ; que pour le « retourner », ce ne sera pas facile.

Socrate aux prises – physiques – avec l'un des jeunes gens les plus célèbres d'Athènes ; l'un des plus beaux, l'un des plus forts, et surtout l'un des plus insolents.

J'aime à me représenter les corps de Socrate et de son disciple effronté se mesurant l'un à l'autre. J'aime à me dire que ni l'un, ni l'autre n'avaient honte de leur chair, et que nus, recouverts d'huile, les muscles saillants, ils rivalisaient.

Voilà qu'ils s'attrapent à bras le corps, dans un effort brutal et intense. On sent la tension musculaire presque électrique se dégager d'eux. Leur concentration soulignant leur longue contention laisse voir le spectacle de deux paralysés. Immobiles sous le poids de l'épaulée. Figés par les forces contraires.

Inopinément, Alcibiade change, modifie sa position de pieds, se décale de côté, et vient tirer lourdement sur le bras qu'il a pris soin d'enrouler de sa main sanguine et nerveuse. Les deux corps, qui auparavant s'arc-boutaient, partent à la renverse, suspendus dans le déséquilibre.

Mais Socrate – ô le divin – agile comme un satyre, plie la jambe et pose un genou à terre. Et à nouveau la lutte s'immobilise. Et Socrate de ceinturer le buste tout torsadé d'Alcibiade. De joindre les mains sur ses reins à lui. Et de chercher l'amener au sol. Dans cette attitude, rien d'irréfléchi. Tout exprime l'expérience d'un homme qualifié en matière de combat et de confrontation. Les gestes qu'il dessine dans l'espace sont calmes et précis. Il sait pratiquement tout ce qu'Alcibiade tente d'anticiper. Ses yeux disent seulement la volonté de vaincre. De ne pas remettre la victoire.

Je me délecte à l'idée de ce « couple » philosophique, maculé de boue et de poussière, écorché en plusieurs endroits par le sol, les cailloux ou les ongles. L'un râblé et trapu, l'autre élancé et svelte. A égalité.

Je me délecte à l'idée du regard d'Alcibiade, vexé d'avoir été tenu en échec sur un terrain qu'il croyait maîtrisé de lui. Vexé d'avoir été contenu dans la glaise. D'avoir été résisté par un athlète d'occasion. Le plus grand de tous les philosophes, Socrate.

Son maître à penser est un lutteur hors pair. Plus que l'accoucheur. Socrate le lutteur.

CHAPITRE V

SOCRATE, L'ÉPOUX DE XANTHIPPE

Elle était née à Thèbes en l'an 437 derrière les immenses murailles de la ville dont son père était le commandant. Xénophane, lui qui prenait inlassablement la tête du Bataillon sacré chaque fois que les nécessités de la guerre l'exigeait, avait été un bon père.

Du moins, c'est ainsi que Xanthippe se souvenait de lui. Longtemps encore, une fois mariée, elle revoyait ces fragments de passé, où, étant enfant, il l'obligeait à venir lutter avec ses frères dans la palestre du palais. Sous les rayons dardants du soleil hellène, elle avait écouté d'une oreille pleine de tendresse les ordres paternels la guider dans l'effort et la douleur. Il lui avait appris à ne pas redouter les coups des hommes et du sort. Il lui avait enseigné également l'amour du beau et du bon, le goût pour la lecture des rouleaux où les philosophes racontaient les mythes. Elle se passionnait pour les poèmes en langue dorienne. Les épopées mycéniennes. Elle retrouvait ainsi dans les héros portés par les dieux son père, dont elle regrettait les absences trop fréquentes.

Lorsqu'elle fut en âge nubile, Xénophane pensa qu'il valait mieux la marier à un homme qui ne fût pas semblable aux hommes de son temps. Comme il avait appris la disparition de la première épousée de Socrate le Sophiste, et malgré les rivalités qui opposaient les deux citées ennemies, il demanda à un ancien stratège d'Athènes d'intercéder auprès de ce dernier et de lui proposer sa fille en seconde noce. Elle avait atteint l'âge avancé de vingt-deux années. Socrate, toujours avide de provocations, accepta avec enthousiasme. Xanthippe, quant à elle, vit cette union comme une séparation. Un philosophe ne pouvait remplacer un guerrier, un mari, un père, un Athénien, un Thébain.

Cependant, elle espéra une vie remplie des plaisirs lettrés auxquels elle avait été accoutumée dans ses enfances. Elle se vit en songe participer aux banquets des plus riches aristocrates, où l'on parlait d'amour et de beauté, de l'un et du multiple, des passions et de la raison. Mais Socrate était un homme comme les autres, pour qui une femme était avant tout un ventre destiné à poursuivre une lignée. Un homme, pour qui la tendresse des sentiments était une affaire d'hommes.

Une nuit, après être revenu d'un symposium où Agathon, Aristophane, Phèdre et bien d'autres étaient présents, il rentra à moitié saoul dans le gynécée - il cachait fort bien ses ivresses. Il la prit par la main, de sa petite main potelée et humide, mais terriblement puissante. Xanthippe ne connaissait rien aux choses de l'amour des corps. Elle était encore vierge. Il l'étreignit sans avoir pris le soin de délasser sa tunique. Sans avoir pris la peine de caresser les courbes de son corps qu'elle avait fort beau, de parcourir les étendues d'une peau qui n'avait rien à envier aux plus belles étoffes. Sans lui avoir jeté le moindre regard, prêté la plus simple oreille ou donné le baiser le plus élémentaire. L'être du philosophe qui croyait la combler lui donna la nausée. Les tremblements de Socrate résonnèrent comme les plaintes d'une bête sauvage qu'un lourd sommeil emporta tout près d'elle. Elle gisait, le ventre béant, meurtri et visqueux, comme un hoplite laissé pour mort dans les plaines d'Achaïe. Et tel un voleur de temples ignorant des usages et des choses sacrées, Socrate ce jour-là brisa le cœur de Xanthippe. Il lui donna trois enfants.

Les années s'écoulèrent lentement. L'inlassable accomplissement des journées rendait la vie de Xanthippe moins douloureuse. Socrate avait pourvu Xanthippe d'une servante, qu'il avait bien du mal à entretenir : ses longues absences étaient dépensées à disserter et à manger chez les autres sans exiger la moindre obole. Au début Xanthippe avait demandé au Commandant, son père, de l'aider à maintenir le confort auquel elle avait été habituée. Mais Xénophane était un homme entier : il avait placé sa confiance en Socrate et ne pensait pas la lui retirer. Le corps de Xanthippe alors diaphane et léger, svelte et sensuel, perdit de sa puissance. Il se durcit et sa souplesse sembla disparaitre.

Elle se contentait de rappeler son mari à l'ordre, puisqu'elle avait en charge l'économie de la maisonnée. Plusieurs fois d'ailleurs, elle dut faire intrusion dans les dialogues socratiques. Comment comptait-il nourrir ses enfants sans argent? Un beau jour de mai, alors que le printemps faisait son apparition, son irritation fut telle que, se souvenant des leçons paternelles, elle alla jusqu'à rentrer dans la mâchoire de son époux un coup de poing qui lui disloqua la mandibule. Ses disciples éclatèrent de rire. On la prit pour une mégère, elle, la descendante des guerriers de Thèbes, elle, dont le sang ne connaissait pas le compromis. Quand elle s'aperçut que Socrate sortait grandi de ses remontrances, elle arrêta tout net et décida de se consacrer à ses enfants, Lamproclès, Sophronique et Ménéxène.

Mais son vœu d'indifférence fut avorté par l'accusation des sycophantes démocrates : on demandait la tête de Socrate pour avoir perverti la jeunesse et répandu l'athéisme. La nouvelle l'affola. Voilà que le peu de mari qu'elle avait, le peu de père que ses enfants tenaient pouvait s'évanouir comme une idée dans les nuages. Puis, elle se fit raconter par yeux interposés le procès, comment Socrate prononça sa propre apologie, comment il manqua à Athènes, en ce jour caniculaire de jugement politique, deux cents voix philosophes pour sauver l'homme que son père avait voulu qu'elle épousât, comment ses chers disciples, d'ordinaire si batailleurs, se turent comme un caillou englouti par les flots. Socrate, lui qui avait goûté si peu le plaisir de retrouver sa famille après les affaires du jour, eut le désir infini de rentrer chez lui. Le philosophe, pour la première fois de son existence, voulut entendre les mots purs et rassurants de sa femme. Socrate entra dans sa cellule comme en entre en religion. Son *démon* appelait Xanthippe.

Un soir, alors que ses élèves en pleurs venaient de le laisser seul dans sa prison, il entendit le geôlier suivit de pas de satin. Son cœur se serra. Sa conscience fut saisie. Après l'avoir délaissée de telle manière, ce ne pouvait être elle. Xanthippe apparut dans l'embrasure de la porte. Elle n'était pas accompagnée de leurs enfants. L'étoffe royale qu'elle portait rappelait ses origines aristocratiques. Socrate crut apercevoir un instant la jeune thébaine fière et élégante de vingt-deux ans qui était devenue sa femme, après la mort de sa première épouse. Xanthippe éprouva à ce moment un élan d'admiration pour cet homme qui finalement avait un destin héroïque. Cependant, si elle avait osé braver la nuit athénienne durant laquelle les femmes ne pouvaient sortir seules, c'était justement pour l'arracher à cette tragédie philosophique.

- Socrate, la rumeur dit que vous ne chercherez pas à vous évader. Est-ce vrai?

- Oui, chère Xanthippe, je ne peux me soustraire aux lois de la citée pour laquelle j'ai lutté toute ma vie durant sans ébranler la cohérence de mon existence philosophique. Tu sais bien que je ne laisse aucun texte, aucune pièce de théâtre, aucune lettre. Ma vie sera mon œuvre. Mes paroles envolées pour jamais, mon héritage…

Il recommençait à s'écouter parler, comme il en avait l'habitude avec ses disciples.

- Mon cher époux, dit-elle en l'interrompant, je ne suis pas Criton ou Alcibiade. Vos effets de manche n'ont sur moi pas de poids. Gardez-les pour demain, lorsque ces derniers viendront vous dire adieu. Ne soyez pas victime de vos propres sophismes. Vous ne pouvez prétendre survivre à vous-même en mourant; devenir un héros, en fuyant vos devoirs; éduquer vos enfants, en les délaissant. L'héroïsme est une idée noble. Mettre un terme à sa vie avec lui est un malentendu. Il exige au contraire d'affronter ses propres démons.

À ces mots, elle se leva. Socrate se mit à genou et embrassa ses jambes. Elle comprit ce geste comme un adieu. Alors, il ajouta :

- Femme, préviens Platon, mon jeune disciple, de préparer mon évasion. Je ne sais si tu as raison ou non. Il conviendra de payer le gardien et de m'emmener en charrette. Crois-tu que ton père acceptera de m'accorder l'hospitalité?

- Bien-sûr. N'oublie pas que c'est lui qui t'a choisi. Ton exil sera de courte durée. Ou alors nous te rejoindrons. J'envoie des messagers dans la nuit couleur de geai.

Au lendemain avait été fixé le jour de l'exécution. Xanthippe partit avec une teinte de bonheur au cœur. Elle allait enfin revoir son vieux père.

C'était un écrasant jour d'été. Depuis sa maisonnée, elle contempla le bleu de la mer chargée de lumière et de chaleur. Il lui sembla que le soleil flottait à son zénith sur les flots immobiles. Elle imagina Socrate sur les routes sinueuses et escarpées des collines mycéniennes. Ou dans une embarcation de commerce : peut-être avait-il eu le temps de parvenir au Pirée et de s'échapper par la mer. Elle se rendit à la prison, comme convenu, afin de feindre par son attitude, l'innocence la plus totale et retarder les vaines poursuites que lanceraient les magistrats.

Cependant, tandis qu'elle approchait du lieu de l'exécution, sa gorge se serrait : elle sentait ses plans se dérober sous chacun de ses pas. Criton se trouvait devant la cellule, sanglotant. Alors, elle compris qu'Athènes avait eu raison de sa propre destinée.

Bien peu de clarté entrait par la fenêtre de la cellule. Elle put toutefois apercevoir Socrate gisant sur le dos, les mains sur le ventre, les doigts croisés. Son visage n'exprimait aucun sentiment. Une coupe en bois, dans lequel son bourreau avait préparé le fatal breuvage, reposait non loin de lui. Elle était vide.

Un accès de rage monta en Xanthippe. Il s'est dédit, pensa-t-elle. Il a préféré resté et mourir, plutôt que fuir et lutter. Il a joué son existence contre celle de sa famille. Il aimait trop la gloire. Ses mots et de tels autres résonnaient dans son âme, quand elle aperçut en dessous du sein gauche, à travers sa tunique, une tache obscure. Elle y appliqua son index. Et à la lumière de l'étroite ouverture de la pièce, elle vit le sang. Elle découvrit une plaie de la largeur d'une dague thessalienne. Elle scruta les pierres sur le sol pour y chercher d'autres indices de ce qu'elle commençait à imaginer. De petites auréoles brunes s'enfuyaient vers la porte : on avait tenté d'effacer des gouttes de sang. Tandis que l'horreur prenait corps dans son cœur, la vérité se manifesta dans toute son évidence. Socrate venait d'être assassiné.

Xanthippe garda le silence. Les autres avaient dû voir aussi. S'ils ne disaient rien, c'est qu'ils avaient bien peur. Qui écouterait une femme ? Qui plus est, celle du condamné ?

Xanthippe mordit sa langue qui brulait de vengeance et désirait la révolte. Un bûcher fut dressé hors d'Athènes, sur une falaise, tout près de la mer. Il faisait nuit et des centaines de torches illuminaient les lieux. Le bruit des flots rythmait l'éloge funèbre que prononçait

Platon, le même qui aurait dû emporter son maître loin des dangers athéniens. Notre devoir, disait-il, est de perpétuer sa mémoire par nos écrits... "En oubliant sa plaie", répondait Xanthippe en son âme agitée.

On allait mettre le feu aux branches qui formaient la base du bûcher, quand elle demanda un dernier adieu à son époux. Le silence déjà lourd devint insupportable. Elle avait dans la main un symbole sphérique de leur union, deux objets de bois ouvragé, de l'olivier, qui s'emboîtaient. Elle pensa remplacer le drachme dans la bouche de Socrate par cette boule. Elle s'y refusa et à plusieurs reprises tenta d'ouvrir la main droite de Socrate. Elle parvint finalement à placer le symbole dans sa paume.

- Tiens Charon, dit-elle, pour ta gouverne!

Les flammes dévorèrent le cadavre du philosophe. Le feu de la vengeance luisait dans les yeux de Xanthippe.

CHAPITRE VI

SOCRATE, LE SUICIDÉ, L'ASSASSINÉ

Si un texte a fait du mal à l'Europe et à sa manière de penser, lui donnant des soubassements idéologiques lourds de conséquences, c'est bien le *Criton* de Platon. En effet à partir de lui, nous nous sommes mis à concevoir la justice et la démocratie, l'obéissance et l'Etat, la mort et le sacrifice de soi, les lois et leur pérennité. Nous avons dressé, à partir de lui, des édifices politiques inébranlables, indépassables, même impensables, dans la mesure où rien ne pouvait être pensé au-delà d'eux (en 1972, Derrida reconnaît l'héritage métaphysique de *L'Apologie* et du *Criton*). Platon avec ce dernier texte réussit à formater l'Europe, qui devint idéaliste et dogmatique, croyant dans l'idée de la vérité et de l'être avec fièvre. La mort de Socrate permit d'évacuer le scepticisme, le subjectivisme, le matérialisme, le pragmatisme, l'empirisme; en somme toute la philosophie… de Socrate. Pour construire des sociétés capables aussi bien de la Terreur de 1793 ou de Nuremberg en 1936. Mais aussi de la culpabilité et de la victimisation, pour parler des temps présents.

Or, si l'on prend la peine de lire le *Criton*, rien ne tient vraiment debout. Les arguments de Socrate/Platon sont au mieux des sophismes, au pire de graves incohérences. En linguistiques, on parlerait de contre-sens ou de faux-sens. Et si l'on avait dû noter sérieusement la copie de Platon, il aurait à peine atteint la moyenne.

Le dialogue est en effet bourré d'incohérences. Pas de légers glissements de sens que l'on aurait pu considérés "tirés par les cheveux". Non, de lourds paradoxes, aux frontières de l'absurde. Ils sont au nombre de cinq. Tout d'abord, lorsque l'on lit l'ensemble des dialogues de Platon où Socrate apparaît, surtout les premiers textes, on y découvre un Socrate qui passe ses journées à donner des leçons de scepticisme à ses disciples : généralement, il remet en place les arrogants qui savent, en leur démontrant qu'ils sont ignorants, tout comme lui d'ailleurs, qui ne sait qu'une seule chose : qu'il ne sait rien. Il va ainsi énoncer qu'il ne sait rien sur la vertu (arétè) et plus particulièrement la justice. Or, dans le *Criton*, au paragraphe 49a, il nous offre un visage bien différent : il sait ce qu'est la justice. L'homme qui ne savait rien, à l'aube de sa mort, en sait trop. Voilà une singulière manière de philosopher : un jour, on ne sait pas ce qu'est la justice, le lendemain, on en donne des définitions définitives.

En second lieu, Socrate, à plusieurs reprises, évoque un "contrat", sur lequel repose sa conception de la justice : c'est l'argument de poids des *Lois* que Platon fait s'exprimer dans une célèbre prosopopée. En somme, Socrate en s'échappant de sa cellule, casse la relation contractuelle qu'il entretient avec l'Etat athénien. Il incarnerait alors le visage de l'injustice. Seulement, historiquement parlant, ni Socrate, ni Platon, ni personne en 399 avant J.C n'a signé de contrat avec l'Etat athénien. Et si l'on admet bien qu'il s'agit d'une métaphore, cette relation contractuelle n'existe que pour l'une des deux parties, Socrate, puisqu'aucune loi n'existe pour en assurer sa prévalence : aucune jurisprudence n'est présente dans l'éventualité où un mauvais citoyen se soustrait aux obligations du contrat. Pour le formuler de manière très claire, Socrate se soumet seul aux termes d'un contrat dont l'existence est nulle.

Mais les incohérences ne s'arrêtent pas là. Au 54c, les Lois vont commettre une magnifique erreur de logique en affirmant : «

En nous quittant condamné injustement, non par les Lois, mais par les hommes...». Les Lois reconnaissent donc formellement et officiellement que Socrate est innocent, que sa condamnation est le fruit d'une injustice, qu'il est victime et non coupable. Or, conscientes de cet état de fait, elles ne mettent rien en place pour transformer l'injustice. Au lieu de cela, elles justifient l'injustice en expliquant que Socrate commettrait une injustice en s'échappant... Dur d'accepter une logique selon laquelle le lien de causalité entre deux événements est désamorcé : Le "Socrate est innocent, donc, il doit s'évader" devient "S'évader est une injustice, même s'il l'on est innocent".

Ainsi, Socrate, qui aurait pu devenir le symbole de la dénonciation de l'arbitraire d'une justice cruelle et injustifiée - s'il s'était évadé, ne fait absolument rien pour dévoiler cet état de fait inique. Il se plie gentiment à sa condamnation. Socrate aurait alors incarné une justice tangible et matérielle, de chair et de raison. Il a préféré le silence d'une mort de martyr et les tirades d'un acteur tragique au Vème acte.

Cependant, Socrate va pousser encore plus loin les limites de la rationalité en un ultime paradoxe : lui, l'ennemi attitré du «qu'en dirat-on», du clabaudage béotien, des médisances de badaud, édifie son argumentation sur le regard des autres? En 53e, le philosophe à la bedaine s'inquiète - à travers la voie des Lois - de ce que les Thessaliens pourront bien penser de lui s'il venait à s'échapper chez eux... Etrange obsession pour le vétéran des cancans que celle qui consiste à se soucier de l'opinion de la foule, des certitudes du vulgaire, des présomptions de la multitude. N'était-ce pas tout le dessein de l'enseignement de Socrate que de nous apprendre à nous détacher des préjugés? Ne s'agissait-il pas de la seule guerre qui valût la peine d'être menée que celle livrée aux croyances de l'agora? Peu auparavant, dans le même dialogue (48a), il affirmait que seul comptait «ce que dira celui qui s'y connaît à propos de ce qui est juste et injuste ». Dont acte, Socrate aurait dû avoir le courage, en bon philosophe qu'il était, de braver les regards du peuple thessalien, ignorant des choses justes et injustes...

Le dialogue est cependant truffé de sophismes, de raisonnements fallacieux, de paralogismes, de ruse de la raison pour nous faire admettre l'inadmissible : la mort de Socrate est dans l'ordre des choses philosophiques. Elle correspond au sacrifice de la vie du sage au nom de ses idées. Le spectacle splendide et miraculeux d'une vie accordé à une fin, d'un corps à une pensée. Certes, mais cette belle thèse que les professeurs de philosophie de tous les temps feraient bien de contempler à leur tour et de s'en imprégner, ne tient pas debout. Si l'on retranche la mise en scène platonicienne, pour ne garder que l'ossature rhétorique, le couperet tombe avec la fraîcheur d'une guillotine : c'est après coup, que l'exécution de Socrate est justifiée, maquillée, frelatée, trafiquée par le jeune et noble disciple. Avec talent d'ailleurs, puisque jusqu'à aujourd'hui, personne n'avait désiré remettre en question cette version officielle.

Approchons-nous de l'idée centrale de "contrat" : le grand argument de la prosopopée des Lois, c'est que Socrate, nous l'avons déjà dit, aurait contracté un engagement réciproque avec Athènes, que durant sa vie, il n'aurait cessé d'honorer. L'Etat athénien lui aurait permis de devenir Socrate par l'existence de la *polis*. Il n'a, en conséquence de cause, jamais déménagé. Il a vécu à Athènes, lui est resté entièrement fidèle. Or, poursuivent-elles, agir de la sorte, c'était tacitement *reconnaître* les Lois comme justes. C'était s'engager à les respecter et à les servir. En s'évadant pour ne pas mourir, il aurait mis un terme au contrat... La démonstration semble implacable : l'engagement contractuel ne peut être rompu sans générer la délinquance, et donc l'injustice. Mais ce raisonnement repose sur la croyance que l'Etat serait le seul garant du juste, lequel juste préexisterait à toute forme de réalité ou matérialité quelconque. Le juste serait une idée et cette idée règnerait sur le réel. Poussé à son paroxysme, les Lois invalident donc toute erreur judiciaire : il ne peut y avoir de méprise dans l'appréciation de la culpabilité d'une personne poursuivie. Les Lois inventent la raison triomphante, sûre d'elle-même, inaltérable à l'erreur, toute puissante. Au mépris de ceux qui la subissent bien évidemment. D'autre part, Socrate aurait-il été assez bon pour signer un *contrat* où si l'on est condamné injustement, il faille quand même se plier à la condamnation capitale, sous prétexte que les Lois ne connaissent pas les vices de la raison? Si on ne souscrit pas à de telles folies, il faut bien reconnaître que de Socrate et des Lois, ce sont ces dernières qui brisent l'engagement contractuel passé avec le citoyen Socrate - et non l'inverse. Il eût donc été juste que Socrate s'évadât.

On parvient également aux mêmes conclusions, si l'on examine l'argument de la "viabilité" du système judiciaire : en somme, Socrate, en s'évadant de prison, et ce même pour de *bonnes* raisons, aurait mis en péril le système judiciaire de la démocratie athénienne. En effet, la fuite du philosophe généralisée en loi morale - les citoyens condamnés ne doivent pas purger leur peine - conduirait à la fin de l'appareil judiciaire. Or, tout se passe, encore une fois, comme si l'idée d'erreur judiciaire ne comptait pour rien dans l'affaire ; comme si le fait qu'une condamnation soit injuste n'invalidait pas l'organisme qui a autorité sur les décisions de justice. Personne ne conviendrait avec Platon, et cela d'ailleurs pourrait donner des convulsions au cadavre de Voltaire, que le citoyen condamné injustement dût accomplir sa peine, quelles que soient les circonstances. Le contraire est généralement la conclusion de tous nos intellectuels, de droite comme de gauche. Il faut se lever contre l'injustice : le système pénal passe après les individus, tant pis pour lui s'il est invalidé et mis à mal par des évasions massives. Ce serait d'ailleurs le devoir du philosophe de travailler à la perte d'un tel appareil judiciaire.

Nous pouvons même aller plus loin et affirmer que Socrate, en s'enfuyant, n'aurait pas répondu à une injustice par une injustice, comme le prétendent les Lois, mais aurait dénoncé une injustice. Il aurait ainsi mené à la revalorisation de l'état de la justice à Athènes après le retour de la démocratie au pouvoir : les institutions civiles et pénales eussent été (peut-être) réformées. En gardant le silence, par contre, Socrate a permis de conclure à l'excellence de la démocratie au début du IVème siècle avant J.C. C'est certainement l'un des actes les plus délétères de toute la philosophie grecque.

Enfin, dans *L'Apologie de Socrate* (29d), Socrate confesse à ses juges que s'ils l'acquittent à condition qu'il ne pratique plus la philosophie, il ne fera guère cas de son "existence conditionnelle" et poursuivra à être le philosophe intempestif de l'agora, le trublion joyeux, l'empêcheur de tourner en rond. Il ajoute, pour fonder son impertinence en raison : "qu'il croit plus juste d'obéir à son démon qu'aux lois". Aveu admirable et ahurissant à la fois si on le rapporte à son exécution. En effet, si Socrate ne s'est pas évadé, c'est que son démon ne l'a pas enjoint de le faire : si sa divinité lui avait dicté de s'enfuir, Socrate l'aurait fait. Qu'est-il donc arrivé au démon de Socrate en cette année 399 avant notre ère? Pensait-il que la condamnation était juste? Il eût bien été seul à le penser, puisque, on l'a vu, même les Lois reconnaissent que Socrate est condamné injustement. Le démon de Socrate a-t-il été injuste donc? S'est-il "vengé" de quelque chose pour reprendre les termes de Nietzsche à la fin du *Gai savoir*? Ou soudainement celui qui est poursuivi pour impiété cesse-t-il d'être pieux et d'écouter sa divinité?

Quel que soit l'angle sous lequel on examine la justification platonicienne de l'exécution de Socrate, la sentence est accablante et sans appel : Socrate n'avait absolument aucune raison de ne pas prendre la poudre d'escampette, de s'éclipser, de se carapater sans *autre forme de procès*. Pourquoi ne l'a-t-il pas fait? De deux choses l'une : soit il est resté délibérément en prison dans l'attente de la mort; soit il a été réduit et contraint d'y demeurer. En d'autres termes : le suicide philosophique ou l'assassinat politique.

CHAPITRE VII

SOCRATE, L'ANTIMODERNE

Viendra un jour où notre époque sera assez forte pour regarder la mort de Socrate en face. Il faudra alors mettre en perspective cette mort avec sa vie. Cette vie avec sa mort.

***

C'est la démocratie qui a mis à mort Socrate. Et non la tyrannie, l'oligarchie, ou une quelconque dictature. Le pouvoir au main du peuple.

***

Qui es-tu Anitos, toi qui inculpa si tragiquement le plus grand de tous les philosophes d'Athènes? Toi qui le tira sans vergogne devant la justice la plus inique? Etait-ce parce que tu avais lutté en exil contre la Terreur des Trente, au côté de Théramène? Anitos, le Résistant. Socrate, le Collabo.

***

Quel chef d'accusation les détracteurs de Socrate pouvaient-ils bien choisir afin de se venger de celui qui était tranquillement resté à Athènes, sous un régime qui haïssait les démocrates et les libre-penseurs? Sous un régime qui fit assassiner plus de mille cinq cents citoyens?

***

S'il n'y avait pas eu d'amnistie, interdisant aux citoyens démocrates revenus d'exil ou d'infortune d'accuser les *fascistes* de crimes de guerre, Socrate n'eût point été cité en justice pour "corruption de la jeunesse" et "impiété". On aurait trouvé quelque chose de plus facile, de plus direct, de plus vraisemblable.

***

Socrate en 411, lors de l'avènement des Quatre-Cents? A la maison, en train de discuter le coup avec ses disciples.

Socrate en 404, sous la Tyrannie des Trente, lors de l'assassinat de Léon de Salamine et de Théramène? Pas vraiment content, mais toujours là, fidèle au poste.

Quand tous les intellectuels étaient sur les routes de l'exil ou de la mort.

***

On a, depuis des lustres, blâmé la démocratie d'avoir mis à mort Socrate. Il eût fallu plutôt l'en féliciter. Ou alors cesser tout net d'être démocrate. Epouvantés de choisir l'un ou l'autre, l'on inventa le mythe rassurant de la mauvaise démocratie. Voltaire en tête.

***

Nous n'arrivons guère à regarder la vérité en face : Socrate n'aime pas la démocratie et nous le fait bien savoir. Nous, les Modernes, avides de nager dans les courants de l'histoire, nous préférons voir en lui son apôtre. Celui qui paya le prix fort de la liberté.

***

Imaginons un peu qu'on eût pu tirer de la mort de Socrate autre chose qu'un contre-sens : une vérité de sceptique, un drame philosophique, une expérience existentielle.

***

Criton, mon Frère, j'avais tout pour m'évader. Si je ne l'ai pas fait, c'est qu'il fallait bien pour une fois se mesurer à soi. Je voulais enfin savoir si j'étais philosophe.

***

Rien de comparable aux ultimes instants d'un homme qui sait sa fin imminente. Les poses et les emprunts s'évanouissent. Chaque pensée est de plomb. Chaque mot, un volume. L'artifice est démonté en un éclair. Le temps semble s'arrêter à jamais. Il faudrait pouvoir recommencer si l'on échoue sa mort : remourir une dernière fois. D'où le *memento mori*.

***

Le Socrate soldat, c'est le tableau du philosophe qui se prépare au pire. Qui boit du sang pour devenir plus fort. Jusqu'au sien même.

***

Un version de la vie de Socrate : l'exil politique. Socrate finit ses jours en Thessalie -

il est déjà vieux quand Athènes émet sa condamnation -, sur une agora de substitution où il a retrouvé beaucoup d'élèves. Perspective paisible. Eventualité plausible. Surtout qu'il avait passé sa vie entière à s'adonner à ce mode de vie…

***

Pourquoi le Philosophe redoute-t-il de laisser femme et enfants seuls à Athènes, lui en exil? Alors qu'il se complait grassement à les abandonner, lui au bûcher? La mort de Socrate n'achète-t-elle pas la vie des siens? En échange de son corps, Socrate monnaya la vie de Xanthippe, Lamproclès, Sophronisque et Ménexène. Un bon père de famille, somme toute.

***

Après la chute des Trente, c'est l'épuration et les règlements de compte. Cette vérité si simple à admettre explique parfaitement la mort de Socrate. Ce dernier a fait les frais de la mafia démocrate. Tous ses disciples se sont dispersés, comme pour éviter les proscriptions. Platon n'a pas demandé son reste, en voyage pour dix ans… Histoire de se faire oublier.

***

Socrate, le Sophiste. Lui qui fit de sa mort, la forme la plus convaincante, la plus percutante, la plus mémorable de *communication*. Aux discours d'anthologie, il préféra la chrestomathie d'un seul et unique acte. Une performance singulière et ponctuelle. Un geste d'hybris tragique : mettre en scène sa propre sortie de l'existence. Même si, nécessairement, il risquait le malentendu.

***

Les philosophes disent : "lisez mes livres". Les sages antiques dirent : "lisez ma vie". Socrate rétorque : "voyez ma mort".

***

La mort de Socrate, c'est aussi l'invention, bien avant les Chrétiens, du martyr politique. Le XXème siècle s'est réjoui de ce Socrate Victime sacrificielle. Etat voué à une belle prospérité historique. Argument doté d'une énergie inaltérable. Le Che en sait quelque chose.

***

Et si après tout, Socrate et son démon avaient recherché l'éclat et la splendeur, les nimbes et la sainteté, le lustre et l'immortalité? Cela devrait-il diminuer le respect et l'admiration qu'on leur prodigua?

CHAPITRE VIII

SOCRATE, L'AMI DE CRITIAS

Etairos. - Mon bel Apollodore où vas-tu de si bon matin, l'œil vif et le pas agile? Cela fait bien des jours que l'on ne te voit plus discourir sur l'agora. Où étais-tu? Et que faisais-tu donc, loin des affaires de la cité?

Apollodore. - J'étais en compagnie de notre cher Socrate. Vois-tu, nous revenons de Mounichie. Nous attendions là le retour d'Alcibiade de l'île de Mélos. Critias, Chéréphon et Xénophon se trouvaient également parmi nous.

Etairos. - Qu'aviez-vous alors de si important à disputer? Ne me dis pas que vous faisiez le pied de grue devant les navires guerres pour admirer la beauté de l'impétueux Alcémonide!

Apollodore. - Certes, non, Etairos. L'heure était grave; nos âmes, lourdes d'un sujet importun. Puissions-nous avoir été enthousiasmés par l'apparence d'Alcibiade! Mais le tracas que nous ressentions rendait nos yeux aveugles aux attraits les plus ténus que la nature ait pu placer chez un homme.

Etairos. - Tu m'intrigues et m'inquiètes! Dis-moi donc précisément le sujet de vos entretiens? Et tâche de me rendre avec la justesse d'un Polygnote leur teneur, lorsque dans le temple des Disoscures, il peignit à s'y méprendre les noces des filles de Tindare. Il convient de me restituer jusqu'aux expressions mêmes que tu observais.

Apollodore. - Je veillerai à ne pas décevoir tes attentes et rester fidèle à Simonide pour qui la parole doit imiter la nature : tu ne perdras rien de notre dialogue.

Apollodore

Il y a de cela quelques jours, nous avons appris la nouvelle du retour de l'expédition de Mélos. Comme tu le sais, cette petite cité a toujours été un objet de discorde entre nous, Athéniens, et nos ennemis, Lacédémoniens, qui se targuent d'en être les fondateurs. Les Méliens ont toujours désiré rester neutres dans ce conflit. Athènes, comme elle l'avait fait pour la plupart des îles de la mer Egée, souhaita de longue date intégrer Mélos dans la ligue de Délos. Rien n'y fit : les Méliens éconduisirent nos légats, refusèrent de payer le tribut et ajournèrent toute forme d'alliance. Le bruit courut alors que si les négociations échouaient, les Athéniens feraient massacrer les hommes en âge de combattre, réduiraient femmes et enfants en esclavage. C'est ainsi que, nous étant soustraits aux brouhaha de la Cité, nous filâmes sur les routes du Pirée. Voici la teneur de nos propos, tandis que nous arpentions les Longs Murs.

<u>Apollodore</u> - O merveilleux Socrate, crois-tu que les stratèges de la Cité la plus sage de toutes puissent mettre à mort un peuple neutre et pacifique, tels que le sont les Méliens?

<u>Socrate</u> - Rien ne me semble plus probable, Apollodore. Ce ne serait pas la première fois, ni la dernière, qu'une cité pleine d'intentions belles et bonnes commet des actes contraires à son essence.

Haletant, Critias - tu connais son goût pour l'effort - intervint alors.

<u>Critias</u> - Pourquoi jouer le rôle d'un homme dupe et ingénu, Apollodore? Ne sais-tu pas que les Démocrates qui nous gouvernent déguisent et leurs passions et leurs ambitions sous le visage accorte et enchanteur du Bien et du Bon?

<u>Chéréphon</u> - Nous venons à peine de parcourir trois stades que Critias entreprend déjà de vomir son venin sur la démocratie. Attends que nous soyons attablés chez le bon

Clinias, que le vin ait fait ses effets... Alors, je te laisserai discourir à ton grès.

<u>Socrate</u> - Critias, Chéréphon dit vrai : laissons les hostilités pour après. Profitons du soleil et de la mer. Regardez Xénophon, il a ce sourire plein de grâce et de malice, le même qui était fiché sur son visage lorsque je l'arrêtai avec mon bâton dans une ruelle d'Athènes.

<u>Xénophon</u> - Socrate, laisse-moi profiter de ta présence. D'ici quelques jours, je serai parti pour mon éphébie. Ces instants sont précieux pour moi.

Les embruns voltigeaient dans l'éther ailé de ce jour de printemps. Le soleil frappait sans conscience nos pauvres têtes. Nous décidâmes alors de faire une halte sous un grand arbre, qui semblait nous tendre les bras.

<u>Socrate</u> - Par Héra, quel charmant lieu de repos! Et cette petite source qui coule à ses pieds, n'est-ce pas un signe des dieux? Ne dirait-on pas qu'un enfant d'Eros est sur le point de nous y accueillir? Prenons garde à ce que nos corps ne soient point aoublieux de nos âmes et qu'ils résistent vaillamment aux caresses si chères à nos sens. Chéréphon et Xénophon, asseyez-vous donc face à moi, de sorte que, contemplant votre beauté, je n'en sois pas la victime.

<u>Chéréphon</u> - Maître, tu as toujours le mot pour rire : Xénophon et moi savons parfaitement ta modération dans les affaires de l'amour; et c'est sans la moindre crainte d'un assaut que nous pourrions nous asseoir à tes côtés. Toutefois, Clinias ne s'alarmera-t-il pas ce contre-temps?

<u>Critias</u> - Bien au contraire! Si nous dialoguons sur le champ, nous lui épargnerons vos lamentations de bien-pensants. Le bon Clinias ne pipe mot, mais j'observe toujours dans ses yeux des roulements de chagrin : il verse des larmes de crocodiles

<u>Socrate</u> - Apollodore, me permets-tu de revenir un instant sur les troubles qui t'anime au sujet de la démocratie?

<u>Apollodore</u> - Bien-sûr, cher Socrate.

<u>Socrate</u> - Mais voici une question : lorsque tu déplorais les exactions de notre belle et puissante Cité contre un peuple pacifique et sans défense, qu'avais-tu en tête? Pensais-tu qu'Athènes ne devait en aucune façon avoir recours à la force, quand bien même serait-ce pour se protéger? Ou bien, considérais-tu que le fort se doit toujours d'épargner le faible?

<u>Apollodore</u> - Assurément, la seconde proposition, Socrate.

<u>Socrate</u> - Oui, mais alors le fort, en renonçant à ce qui le constitue, la force, ne

devient-il pas faible? Car, somme toute, le fort sans puissance n'est qu'une possibilité, une hypothèse. D'autre part, le faible, dès lors qu'il reçoit en partage la force dont il ne jouissait pas, ne devient-il pas le porteur de quelque chose de plus grand que lui?

<u>Apollodore</u> - Ô merveilleux Socrate, j'ai bien peur de ne savoir où tes questions me guident? Où veux-tu donc en venir?

<u>Socrate</u> - Tu le verras bien assez tôt. Mais, je t'en conjure, réponds encore à quelques-unes de mes interrogations. Et pardonne mon opiniâtreté.

<u>Apollodore</u> - Certes, Socrate, je relève le défi, et tâcherai de répondre à tes questions.

A cet instant, s'éleva depuis le Pirée, une clameur inouïe. Les navires de guerres venaient d'apparaitre dans le port militaire. Mais Socrate et ses disciples poursuivirent leur conversation. Critias prit alors la parole.

<u>Critias</u>, *coupant la parole du maître* - Socrate, permets-moi de mener l'entretien, et laisse-moi te faire la démonstration que je n'ai pas démérité d'être ton élève.

<u>Socrate</u> - Assurément, fils de Callaeschrus. Mais, en échange, promets-moi de rester calme et de ne pas t'emporter comme tu en as l'habitude.

<u>Critias</u> - Par Sisyphe lui-même, tu as ma parole. Dis-moi donc Apollodore, la mise à mort des Méliens te semble-t-elle une décision juste ou bien une résolution injuste?

<u>Apollodore</u> - Totalement injuste : comment le fait d'exécuter des hommes innocents, plaidant la paix pour les cités, pourrait être autre chose qu'une ignominie et un déshonneur?

<u>Critias</u> - Si l'innocence, c'est le fait de brandir de bonnes intentions, alors, Apollodore, tu es bien naïf! Crois-tu sincèrement que les Méliens ne souhaitent pas nous nuire? Ou bien, sont-ils si inoffensifs parce que voilà pour eux le seul moyen de s'opposer à Athènes? Ils ressemblent à ces galets immaculés que l'on trouve sur les plages : leur pureté aveugle l'œil, mais ils n'en restent pas moins des pierres, à même de tuer celui qui les recevrait en pleine tête! La nature de l'homme, c'est la vie, et pour survivre l'homme est capable de tout : la ruse du renard ou la force du lion; le silence d'une mer d'huile ou le tourbillon des ouragans; la mélodie des sirènes ou les battements de la marche militaire. Les Méliens n'ont de justes que leurs justifications... Il en va de même pour nous : si nous ne soumettons pas les Méliens, Sparte saisira l'occasion pour *les*

soumettre, dans la vue de *nous* soumettre. Ta justice n'est qu'un songe d'enfant : tout le monde aime à se l'imaginer, mais, par Hercule, personne ne peut le rendre réel, pas même les dieux!

Chérèphon s'exprima alors en ces termes.

<u>Chérèphon</u> - Critias, te voici en train d'invoquer les dieux, toi qui, sans atermoiements, commit une tragédie démontrant qu'ils étaient de purs fictions! Il me semble vraiment que ta mauvaise foi n'a pas de limites. Contrairement à toi, nous désirons le rêve. Nous demandons à ce que les astres du ciel descendent sur la terre. Nous exigeons l'impossible. Tu veux mettre à nu le réel, tu veux nous faire vivre dans des carrières de pierres, tels les condamnés à mort des Latomies de Syracuse : toutes tes histoires, nous les connaissons. L'homme est un loup pour l'homme, la justice n'est qu'une justification, la seule vraie loi est celle du plus fort… Mais, nous tâchons de vivre cette tragédie avec joie, le sourire aux lèvres et le sommeil allègre, empli de songes sans cauchemar.

<u>Critias</u> - Je te reconnais bien là, mon cher Chérèphon, tranchant comme la dague de l'hoplite… J'ai promis à Socrate de ne pas m'emporter. En somme, si j'ai bien compris,

tu préfères vivre dans l'illusion que dans la vérité. Si le sommeil te rend heureux, ainsi soit-il, rendors-toi! Mais ne compte pas sur moi pour te tirer d'affaire lorsque l'ennemi sera à nos portes. Ton réveil se fera dans la douleur et la mort viendra avec elle. Entre mes enfants et la justice, moi, je choisis mes enfants. Contrairement à toi, je ne serai pas la victime immolée sur l'autel de l'innocence et du refus de la force. Ta non-violence est dangereuse pour la citée et en premier chef pour toi!

Socrate, alors, prit la parole.

Socrate - Ne te fais donc pas menaçant Critias, tu effraies notre jeune disciple Xénophon. Apollodore, d'après l'expression de ton visage lorsque tu écoutais parler Critias, je crois que tu es d'accord avec Chéréphon; c'est pourquoi, je me propose de prendre la défense de Critias. Avec lui, il faut toujours procéder par tailles et émondages. Il ressemble à ces petites statues apotropaïques destinées à apeurer les voleurs et dont la fonction reste cependant sage et utile. Entre ta mère et ton père, as-tu une préférence?

Apollodore - A coup sûr Socrate, je suis plus attaché à ma mère pour les tendresses qu'elle m'a toujours prodiguées. Mais j'ai de l'estime pour mon père qui a fait de moi un homme.

<u>Socrate</u> - Et entre ton père et ton oncle? Qui préfères-tu?

<u>Apollodore</u> - Mon père, nécessairement.

<u>Socrate</u> - Ton oncle et ton voisin? Ton voisin et un citoyen inconnu? Cet inconnu et un étranger? Un étranger et un ennemi?

<u>Apollodore</u> - Ce sera toujours celui qui est le plus proche de moi, ô Socrate.

<u>Socrate</u> - Et qui sauveras-tu en premier, si ces couples venaient à s'affronter? Le plus proche, non?

<u>Apollodore</u> - Assurément.

<u>Socrate</u> - Les Méliens sont nos voisins, mais en refusant de s'unir à la Ligue de Délos, ils deviennent des menaces pour notre peuple. Les voilà devenus nos ennemis.

<u>Apollodore</u> - Mais, Socrate, sommes-nous donc obligés de les massacrer...

<u>Chérephon,</u> *coupant la parole d'Apollodore* - ... et notre force doit-elle prendre le visage infecte de la violence? Ô mon cher maître, ton amour des joutes oratoires, ton goût pour les plaisirs de la sophistique, te conduisent donc à justifier ces excès de la nature humaine? Nous arracherons des enfants des bras de leurs parents pour les tuer sous leurs propres yeux? Ou le contraire. Nous violerons des femmes,

après leur avoir fait perdre toute dignité? Nous ferons couler des rivières de sang, de larmes et de tristesse au nom de ce raisonnement d'enfant? L'âme humaine me semble bien sombre. Cependant, je crois en ses vertus. Ne succombons pas à notre nature. Remettons-nous en à la loi des hommes, à la civilisation - et non à notre animalité. N'est-ce pas pour cette raison que les lois ont été forgées par les hommes ? afin de les arracher au sort tragique de la vengeance… L'homme blessé est aveuglé par sa douleur. Le juge lui ne voit que les faits…

<u>Critias</u> : Mon pauvre Chéréphon, tu vis bien dans un lieu qui n'existe nulle part. Tu appelles de tes vœux un monde sans guerre et sans conflits; un univers où la force ne se transformerait jamais en insupportable violence; où les guerriers se comporteraient comme des pleureuses de processions. Chéréphon, tu refuses de voir ta propre image : tu es un loup, comme moi et comme notre sage maître ici présent. Nous ne sommes guère que des bêtes. Tu cherches le mal chez moi, mais il est en toi, tout comme en chacun de nous. Tu te crois devenu une divinité, capable de renoncer à ses propres misères. Mais, nous ne naissons, vivons et mourrons que pour sauver la tribu. L'histoire n'est

qu'une succession de conquêtes, menées par des peuples. Chaque famille est à la recherche d'un territoire, plus grand, plus prospère, plus riche, afin parvenir à son éternité. Le confort de notre démocratie nous fait perdre la mémoire : nous sommes en guerre, Chéréphon.

C'est alors que la foule venue du Pirée se fit entendre plus distinctement : au loin, porté par des hommes aux torses torsadés de muscles, se dessina la silhouette d'Alcibiade.

<u>Socrate</u> : Ah, tenez voici notre homme. Il aura certainement des lumières à apporter sur notre conversation. Chéréphon, Critias, qui de vous deux à raison? Nul ne le sait, pas même les dieux. Il faut tout simplement aimer le fil que les Parques ont tissé pour nous. Aimez donc votre destin.

TABLE DES MATIÈRES

1 Socrate, l'amant de Lachès   9

2 Socrate, le sophiste   17

3 Socrate, le guerrier   25

4 Socrate, le lutteur   39

5 Socrate, l'époux de Xanthippe   45

6 Socrate, le suicidé, l'assassiné   57

7 Socrate, l'antimoderne   69

8 Socrate, l'ami de Critias   79

Des mêmes auteurs

Le Guide pratique du storyboard, Scope, 2001

Le Close-combat, techniques et entraînements, Chiron Éditeur, 2006

Apprendre le close-combat, Karaté Bushido, 2007

Le Manifeste du philosophe-voyou (Dialogue avec Michel Onfray), L'Harmattan, 2007

Le Close-combat 2, Formation accélérée au combat sans arme, Chiron Éditeur, 2008

Le Close-combat 3, le combat au sol, Chiron Éditeur, 2009

Les Maximes du philosophe-voyou, Kinoscript, 2011

Réaliser un storyboard pour le cinéma, Eyrolles, 2012

Masterclass Storyboard, Eds D', 2012

Vivre avec la menace terroriste, Eyrolles, 2016

A PROPOS DES AUTEURS

Nés à Aix-en-Provence le 30 mai 1980, les jumeaux Saint-Vincent, Raphaël Saint-Vincent et Olivier Saint-Vincent, sont des auteurs français, essentiellement de guides pratiques. Leur travail porte sur deux centres d'intérêt : le close combat et les humanités. Les jumeaux Saint-Vincent sont membres de la Société des gens de lettres et sont tous deux titulaires de la médaille de bronze de la jeunesse, des sports et de l'engagement associatif. (extrait de la notice https://fr.wikipedia.org/wiki/Jumeaux_Saint-Vincent)

Copyright © 2016 Kinoscript Edition

All rights reserved.

ISBN: 978-2367530611
ISBN-13: 978-2367530611

www.ingramcontent.com/pod-product-compliance
Lightning Source LLC
Chambersburg PA
CBHW060359050426
42449CB00009B/1815